Impressum
Verlag: BABADADA GmbH, Nedderfeld 112 , 22529 Hamburg
Geschäftsführer / Verlagsleitung: Harald Hof
Druck: Books on Demand GmbH, In de Tarpen 42, 22848 Norderstedt

Imprint
Publisher: BABADADA GmbH, Nedderfeld 112 , 22529 Hamburg, Germany
Managing Director / Publishing direction: Harald Hof
Print: Books on Demand GmbH, In de Tarpen 42, 22848 Norderstedt

школа
sikolwa

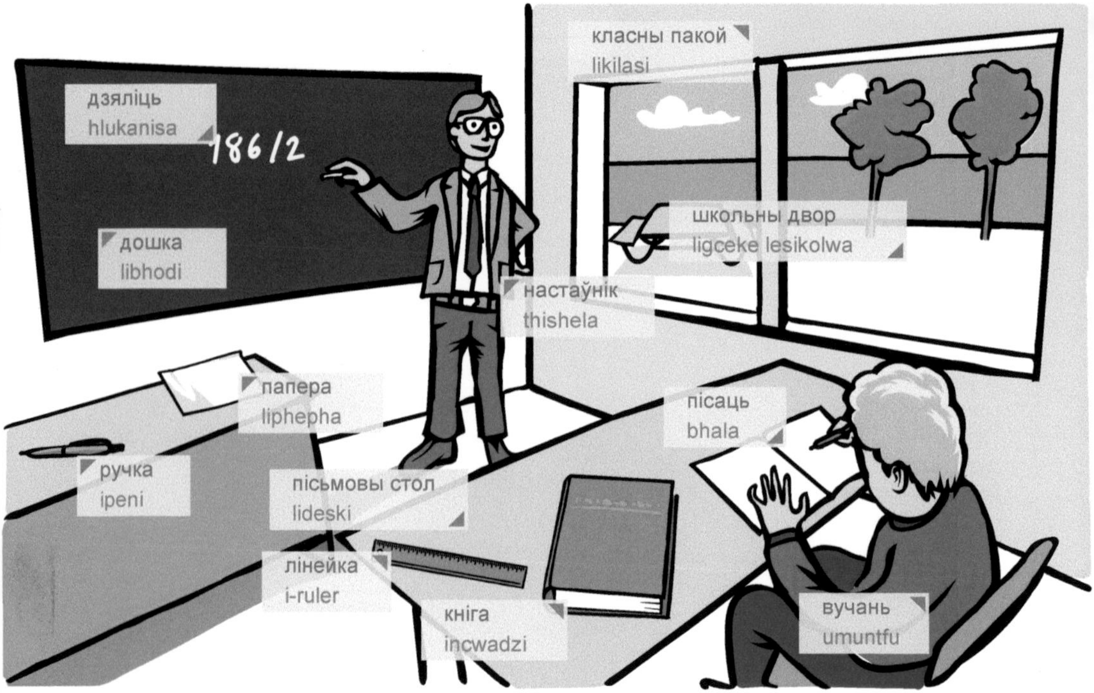

класны пакой
likilasi
дзяліць
hlukanisa
186/2
дошка
libhodi
школьны двор
ligceke lesikolwa
настаўнік
thishela
папера
liphepha
пісаць
bhala
ручка
ipeni
пісьмовы стол
lideski
лінейка
i-ruler
кніга
incwadzi
вучань
umuntfu

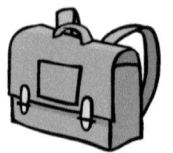

ранец

sikhwama setincwadzi tesikolwa

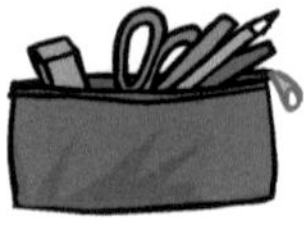

пенал

sikhwanyana semapenisela

просты аловак

ipenisela

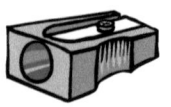

тачылка для алоўкаў

umshini wekulolo ipenisela

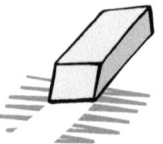

гумка

i-rubber

альбом для малявання

intfo yekudvweba

малюнак

umdvwebo

пэндзлік

libhulashi lekupenda

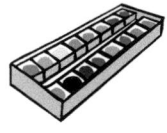

фарбы

libhokisi lekupenda

нажніцы

tikelo

клей

i-glue

сшытак

incwadzi yekutadisha

хатняе заданне

umsebenti wasekhaya

лік

inombolo

дадаваць

hlanganisa

адымаць

susa

множыць

phindzaphidza

лічыць

bala

літара

incwadzi

алфавіт

feleba

слова

ligama

тэкст

umbhalo

чытаць

fundza

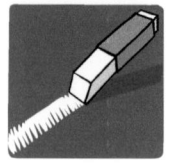

крэйда

ishogo

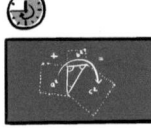

ўрок

sifundvo

класны журнал

i-register

экзамен

sivivinyo sekugcina

атэстат

sitifiketi

школьная форма

timphahla tesikolwa

адукацыя

imfundvo

энцыклапедыя

i-ensaklopheda

універсітэт

inyuvesi

мікраскоп

sipopolo

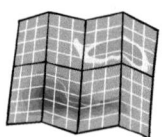

карта

libalave

смеццевы кошык

libhakede lekulahla
emaphepha

падарожжа
kuhamba

гатэль
lihhotela
хостэл
lihhostela
ROOMS
Grand
абменны пункт
i-bureau de change
CHANGE
чамадан
sikhwama setimphahla
аўтамабіль
imoto

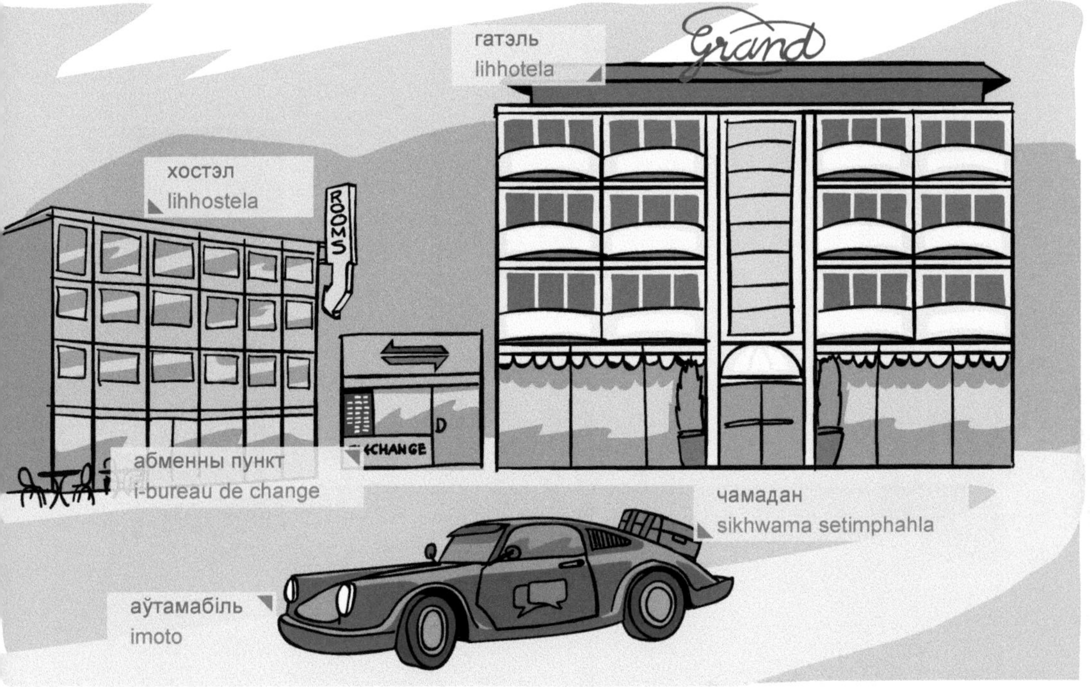

мова

lulwimi

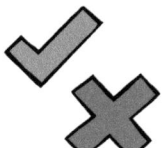

так / не

yebo / cha

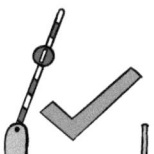

добра

Kulungile

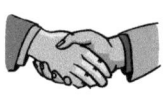

прывітанне!

sawubona

перекладчык

umhumushi

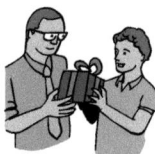

дзякуй

Siyabonga

Колькі каштуе....?

ingumalini i....?

я не разумею

angivisisi kahle

праблема

inkinga

Добры вечар!

Lishonile!

Добрай раніцы!

Kusile!

Дабранач!

Ulale kahle!

да пабачэння

sala kahle

кірунак

sicondziso

багаж

umtfwalo

сумка

sikhwama

заплечнік

sikhwama lesigacwako

госць

sivakashi

пакой

likamelo

спальны мяшок

sikhwama sekulala

палатка

lithende

інфармацыя для турыстаў

iminiiningwane yetivakashi

пляж

ibhishi

крэдытная картка

likhadi lemali

снеданне

kudla kwasekuseni

абед

kudla kwasemini

вячэра

kudla kwantsambama

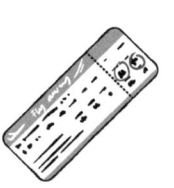

праязны білет

lithikithi

ліфт

i-lift

паштовая марка

sitembu

мяжа

umcele

мытня

emakhasimende

пасольства

i-embasi

віза

i-visa

пашпарт

ipasipoti

транспарт
kwetfutsa

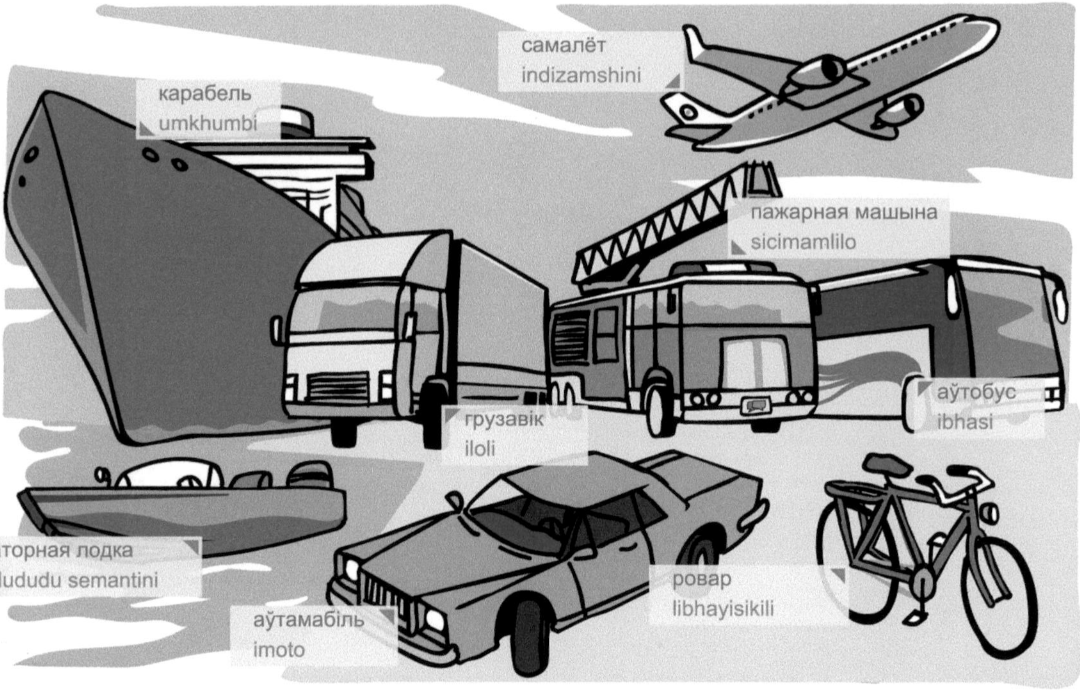

самалёт
indizamshini
карабель
umkhumbi
пажарная машына
sicimamlilo
аўтобус
ibhasi
грузавік
iloli
торная лодка
dududu semantini
ровар
libhayisikili
аўтамабіль
imoto

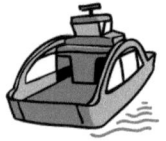

паром

i-ferry

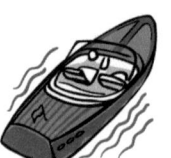

лодка

sikebhe

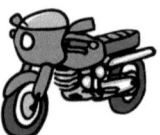

матацыкл

sidududu

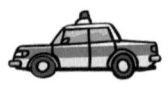

паліцэйская машына

imoto yemaphoyisa

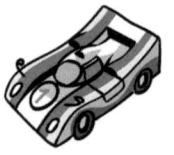

гоначны аўтамабіль

imoto yemjaho

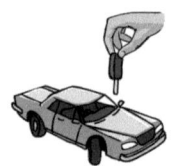

арэндаваны аўтамабіль

imoto yekucashisa

сумеснае карыстанне
аўтамабілем

kubolekana imoto

эвакуатар

i-breadown

смеццявоз

iloli yetibi

матор

imoto

паліва

phethiloli

запраўка

ligalaji laphethiloli

дарожны знак

luphawu lwemgwaco

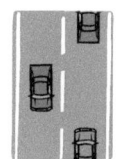

дарожны рух

incumbi yetimoto

затор

incumbi yetimoto letime
emngwacweni

паркоўка

ipaki yemoto

чыгуначная станцыя

siteshi sesitimela

рэйкі

imizila

цягнік

sitimela

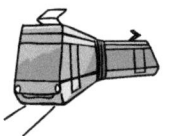

трамвай

i-tram

вагон

inkalishi

верталёт

indiza lenaphephela emhlane

аэрапорт

sikhungo setindiza

вежа

imoto yekudvonsa letibhajiwe

пасажыр

bagibeli

кантэйнер

intfo yekutfwala

картонная скрыня

likhathoni

тачка

i-cart

карзіна

bhasikidi

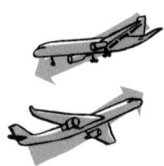

ўзлятаць / прызямляцца

kusuka / kwehla

горад

lidolobha lelikhulu

вёска

umuti

цэнтр горада

ekhatsi nelidolobha

дом

indlu

кінатэатр
i-cinema

рэклама
sikhangiso

вулічны ліхтар
apholo

вуліца
sitaladi

таксі
itekisi

CINEMA

кіёск
sitolo sekudla lokumelula

пешаход
indlela yalabahamba

тратуар
i-payvement

пешаходны пераход
la kuwela khona bantfu

сметніца
umgcomo wetibi

скрыжаванне
e-krosini

светлафор
malobothi

халупа

gucasthandaze

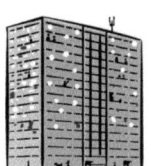

кватэра

lifulethi

чыгуначная станцыя

siteshi sesitimela

ратуша

lihholwa lasedolobheni

музей

imnyusiyamu

школа

sikolwa

універсітэт

inyuvesi

банк

libhange

шпіталь

sibhedlela

гатэль

lihhotela

аптэка

ikhemisi

офіс

lihhovisi

кнігарня

sitolo setincwadzi

крама

sitolo

кветкавая крама

lotsengisa timbali

супермаркет

isuphamakethe

кірмаш

imakethe

універмаг

litiko letitolo

рыбная крама

batsengisi betimfishi

гандлевы цэнтр

luchungechuge lwetitolo

порт

sikhungo

парк

lipaki

лава

libhentji

мост

libhuloho

лесвіца

titezi

метро

ngephansi kwemhlaba

тунэль

umhume

прыпынак

siteshi sebhasi

бар

sitolo setjwala

рэстаран

sitolo sekudla

паштовая скрыня

libhokisi leliposi

вулічны паказальнік

luphawu lwemgwaco

паркамат

umshini lobala sikhatsi
sekupaka

заапарк

i-zoo

басейн

i-swimming pool

мячэць

lisontfo lemasulumane

сядзіба

lipulazi

забруджванне
навакольнага асяроддзя

kugcolisa umoya

могілкі

emathuna

царква

lisontfo

пляцоўка для гульні

inkhundla yetemidlalo

храм

lithempeli

краявід
libala

ліст
licembe

паказальнік
luphawu lwemgwaco

дарога
indlela

луг
umshiya

камень
litje

дрэва
sihlahla

падарожнік
lohamba indlela lendze ngetinyawo

рака
umfula

трава
tjani

кветка
imbali

даліна

sihosha

гара

ligcuma

возера

lidanyana

лес

lihlatsi

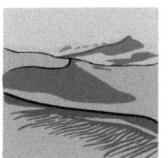

пустыня

lihlane

вулкан

intsabamlilo

замак

umhlambi wetinkhomo

вясёлка

umushi wenkhosatane

грыб

likhowa

пальма

sihlahla semphayini

камар

imbuzulwane

муха

kundiza

мурашка

intfutfwane

пчала

inyosi

павук

sayobi

жук

inkhubabulongo

жаба

sicoco

вавёрка

chakijane

вожык

ingungumbane

заяц

lolunye luhlobo lwalogwaja

сава

sikhova

птушка

inyoni

лебедзь

i-swan

дзік

ingulube yesiganga

алень

inyamatane

лось

i-moose

пляціна

lidamu

вятрак

i-wind turbine

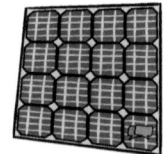

сонечная батарэя

i-solar panel

клімат

simo selitulu

рэстаран
sitolo sekudla

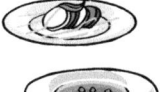

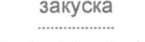

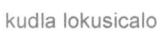

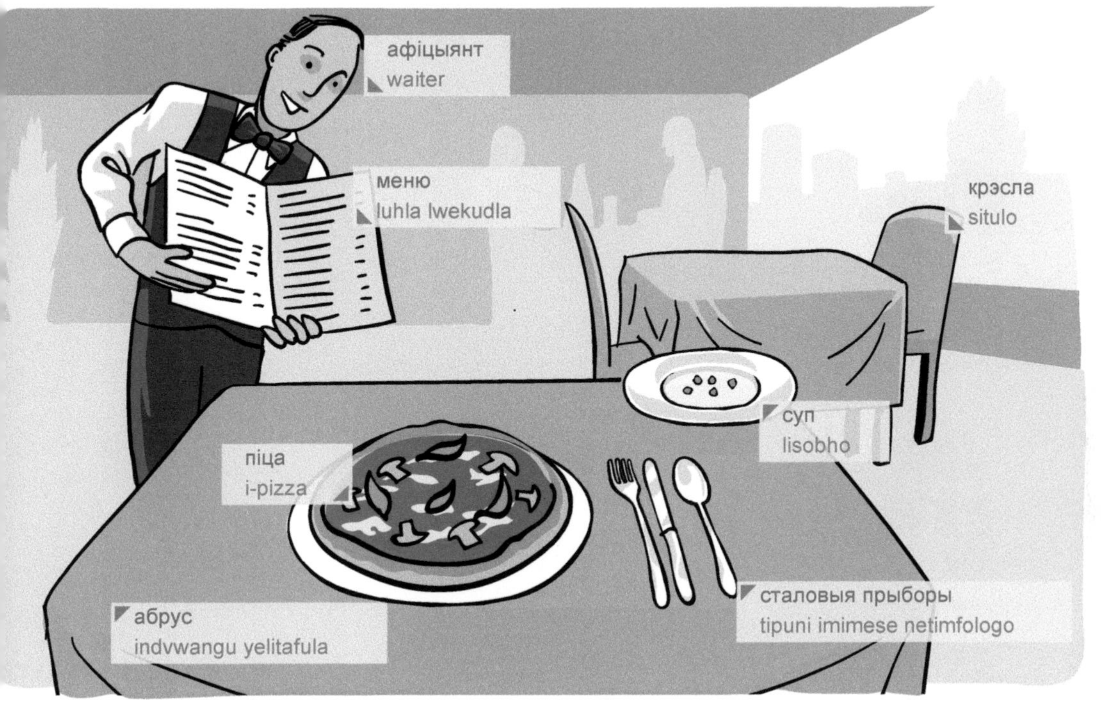
афіцыянт
waiter
меню
luhla lwekudla
крэсла
situlo
суп
lisobho
піца
i-pizza
сталовыя прыборы
tipuni imimese netimfologo
абрус
indvwangu yelitafula

закуска

kudla lokusicalo

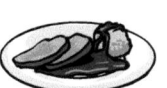

другая страва

kudla locinile

дэсерт

idizethi

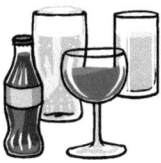

напоі

tinatfo

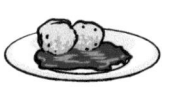

ежа

kudla

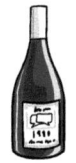

бутэлька

libhodlela

хуткае харчаванне (фаст-фуд)

kudla lokusheshako

стрыт-фуд

kudla kwasemngwacweni

імбрык (чайнік)

ligedlela lelitiye

цукарніца

indishi yashukela

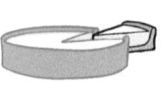

порцыя

incenye

эспрэса-машына

umshini we-espresso

дзіцячае крэселка

situlo lesiphakeme

рахунак

ibhili

паднос

li-tray

нож

umukhwa

відэлец

imfologo

лыжка

sipuni

чайная лыжка

sipuni lesincane

сурвэтка

ithishu yetandla

шклянка

ligilasi

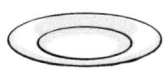

талерка
lipuleti

супавая талерка
lipuleti lelisobho

сподак
lipringi

соус
i-sauce

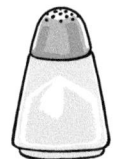

сальніца
libhodvo lasawoti

млынок для перцу
i-pepper mill

воцат
niniga

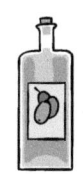

алей
emafutsa awoyela

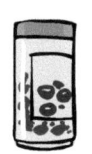

спецыі
tipayisi

кетчуп
i-ketchup

гарчыца
i-mustard

маянэз
mayonasi

супермаркет
isuphamakethe

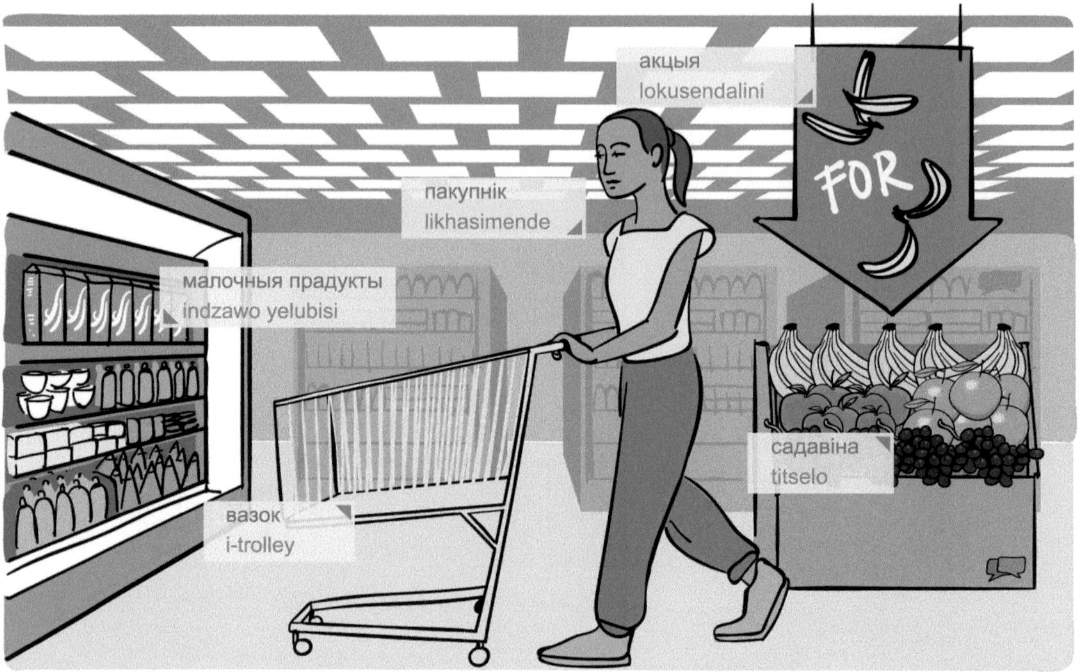

акцыя
lokusendalini

FOR

пакупнік
likhasimende

малочныя прадукты
indzawo yelubisi

садавіна
titselo

вазок
i-trolley

мясная крама

ibhushari

хлебны магазін

i-baker

важыць

kala

гародніна

tibhidvo

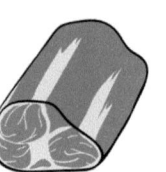

мяса

inyama

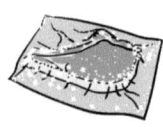

свежазамарожаныя прадукты
kudla lokucandzisiwe

нарэзка

inyama lebandzako

кансервы

kudla likusemathinini

пральны парашок

insipho yekuwasha

прысмакі

emaswidi

хатнія прылады

tintfo tasekhaya

чысцячы сродак

imitsi yekukolobha

прадавец

umuntfu lotsengisako

каса

endzaweni yekubhadala

касір

umtsengisi

спіс пакупак

luhla lwetintfo tekutsengwa

гадзіны працы

ema-awa ekuvula

бумажнік

sipatji

крэдытная картка

likhadi lemali

сумка

sikhwama

пакет

sikhwama seshekhasi

вада

emanti

сок

ijuzi

малако

lubisi

кола

ikhokhi

віно

liwani

піва

ibhiya

алкаголь

tjwala

какава

ikhokho

гарбата (чай)

litiye

кава

likhofi

эспрэса

i-espresso

капучына

i-cappuccino

банан

bhanana

яблык

lihhabhula

апельсін

liwolintji

дыня

melon

лімон

ilemoni

морква

emavondlela

часнок

galiki

бамбук

i-bamboo

цыбуля

anyanisi

грыб

emakhowa

арэхі

emantongomane

локшына

ema-noodles

спагеці

sipageti

рыс

lilayisi

салата

isaladi

бульба фры

emashibusi

смажаная бульба

emazambane lafrayiwe

піца

i-pizza

гамбургер

i-burger

бутэрброд

isengwishi

шніцаль

inyama lefulawe netimvitsi
tesinkhwa

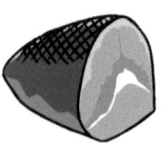

вяндліна

i-ham

салямі

isalami

каўбаса

livosi

курыца

inyama yenkhukhu

смажаніна

lokufrayiwe

рыбак

imfishi

аўсяныя камякі

i-oats

мюслі

imusili

кукурузныя шматкі

ema-cornflakes

мука

fulawa

круасан

ema-croissant

булачка

sinkhwa

хлеб

sinkhwa

тост

linkhwa lesithosiwe

пячэнне

emabhisikidi

масла

bhotela

тварог

i-curd

пірог

likhekhe

яйка

emacandza

яечня

emacandza lafulayiwe

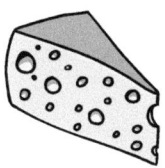

сыр

ishizi

марожанае

i-ice cream

цукар

shukela

мёд

luju

варэнне

jamu

нуга

shokolethi

кары

ikheri

сядзіба
lipulazi

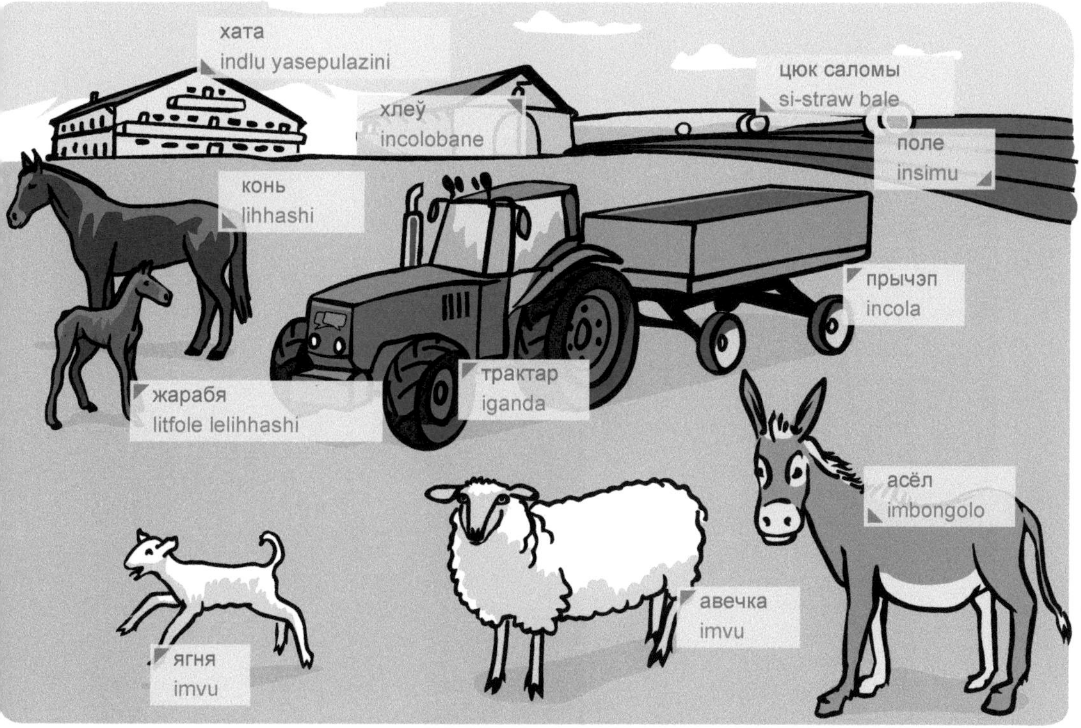
хата
indlu yasepulazini
хлеў
incolobane
цюк саломы
si-straw bale
поле
insimu
конь
lihhashi
прычэп
incola
трактар
iganda
жарабя
litfole lelihhashi
асёл
imbongolo
авечка
imvu
ягня
imvu

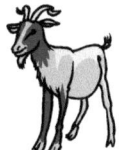

каза

imbuti

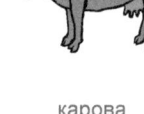

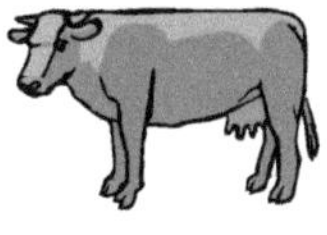

карова

inkhomo

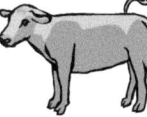

цяля

litfole

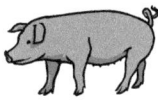

свіння

ingulube

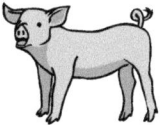

парася

ingulutjana

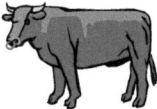

бык

inkhunzi

гусак

lihansi

качка

lidada

кураня

lintjwele

курыца

sikhukhukati

певень

lichudze

пацук

ligundvwane

кот

likati

мыш

ligundvwane lelincane

вол

inkhunzi

сабака

inja

сабачая будка

indlu yenja

садовы шланг

liphayiphi lemanti asengadzini

палівачка

libhakede lemanti

каса

i-scythe

плуг

likhuba leganda

серп

lisikela

матыка

likhuba

вілы для гною

imfologo yetjani

сякера

lizembe

тачка

libhala

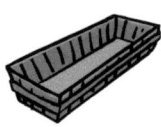

карыта

litrofula

бітон для малака

iromkani

мех

lisaka

плот

ifenisi

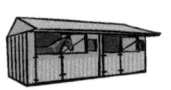

хлеў

sitebele

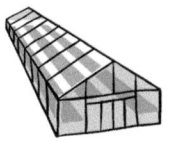

цяпліца

indlu leluhlata

глеба

umhlabatsi

насенне

imbewu

угнаенне

sivundzisi

камбайн

bavuni

збіраць ураджай

vuna

ураджай

sivuno

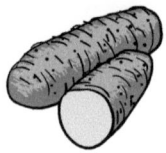

ямс

i-yams

пшаніца

likhula

соя

isoyi

бульба

lizambane

кукуруза

sibhuluja sembila

рапс

i-rapeseed

садовае дрэва

sihlahla setitselo

маніёк

bhatata

збожжа

ema-cereals

комін
ishimela

дах
luphahla

вадасцёк
emaphayiphi lahambisa emanti

акно
lifasitelo

гараж
ligalaji

званок
insimbi yemnyango

дзверы
umnyango

вядро для смецця
umgcomo wetibi

паштовая скрыня
libhokisi leliposi

сад
ingadzi

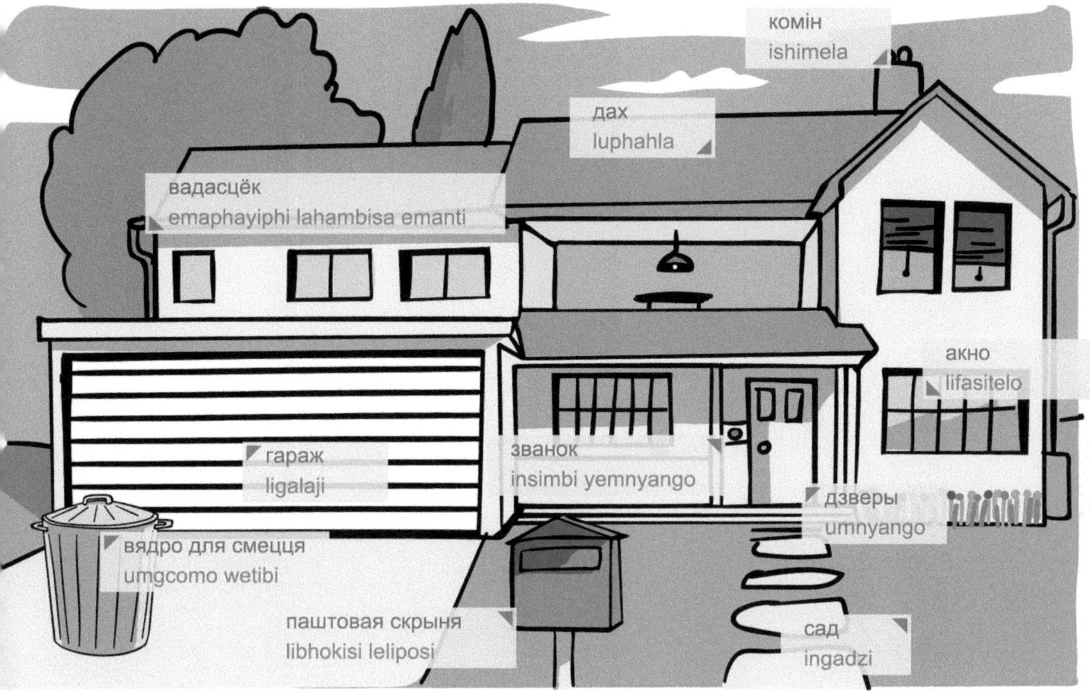

жылы пакой

indzawo yamabonakudze

ванная

likamelo lekugezela

кухня

likhishi

спальны пакой

likamelo

дзіцячы пакой

likamelo lemntfwana

сталоўка

ligumbu lekudlela

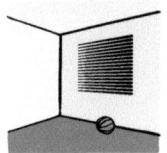

падлога
siyilo

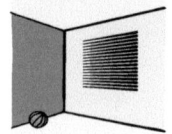

сцяна
lubondza

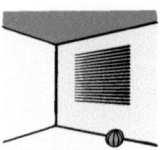

столь
isilingi

падвал
i-cellar

саўна
i-sauna

балкон
umpheme

тэраса
libala

басейн
lidamu lekududa

касілка
umshini wetjani

падкоўдранік
lishidi

коўдра
ibhedspredi

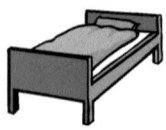

ложак
umbhedze

венік
umshanelo

вядро
libhakede

выключальнік
iswishi

жылы пакой

indzawo yamabonakudze

шпалеры
i-wallpaper
малюнак
sitfombe
лямпа
sibane
паліца
lishelufa
шафа
likhabethe
тэлевізар
mabonakudze
камін
likahela
кветка
imbali
падушка
ikhushini
канапа
sofa
ваза
ivasi
пульт
irimothi

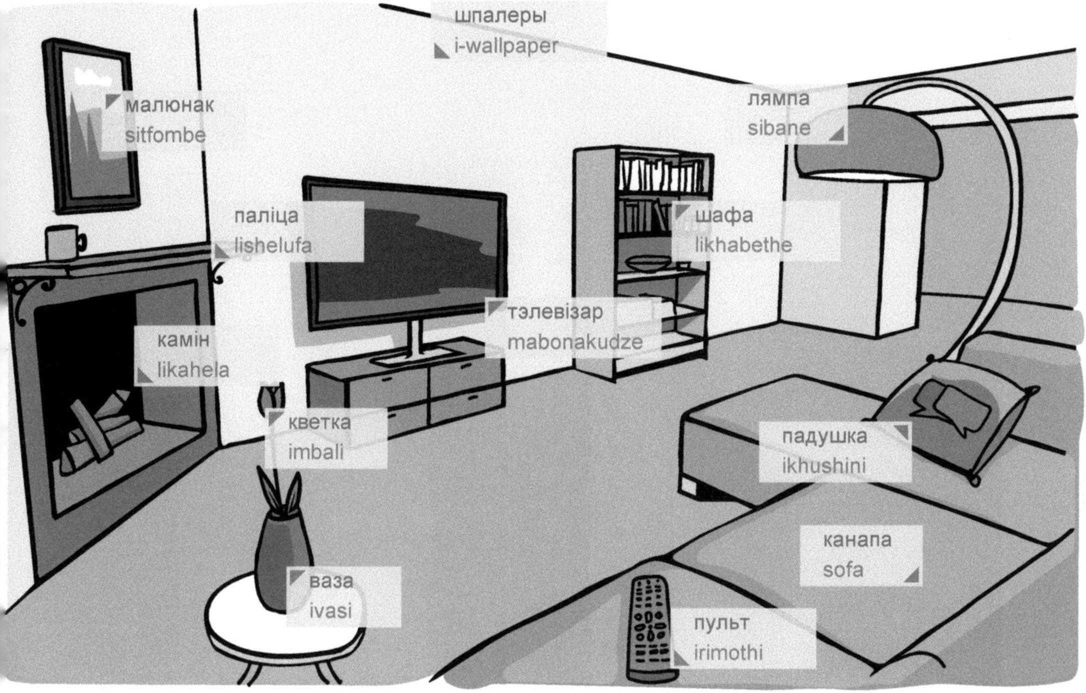

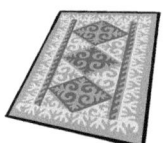

дыван
imadi yendlu

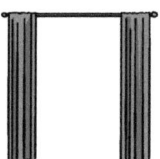

фіранка
likhetheni

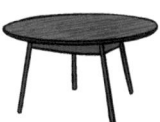

стол
litafula

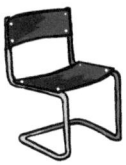

крэсла
situlo

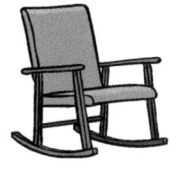

крэсла-качалка
situlo sangephandle

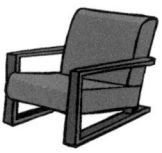

крэсла
situlosemikhono

кніга

incwadzi

коўдра

ingubo

дэкарацыя

umhlobiso

дровы

tinkhuni tekubasa

кіно

lifilimu

стэрэасістэма

igumbagumba

ключ

tikhiya

газета

liphephandzaba

карціна

pende

постар

likhadi laselubondzeni

радыё

iwayilensi

нататнік

kwekutsa emaphuzu

пыласос

i-hoover

кактус

sitjalo lokutsiwa yi-cactus

свечка

likhandlela

кухня
likhishi

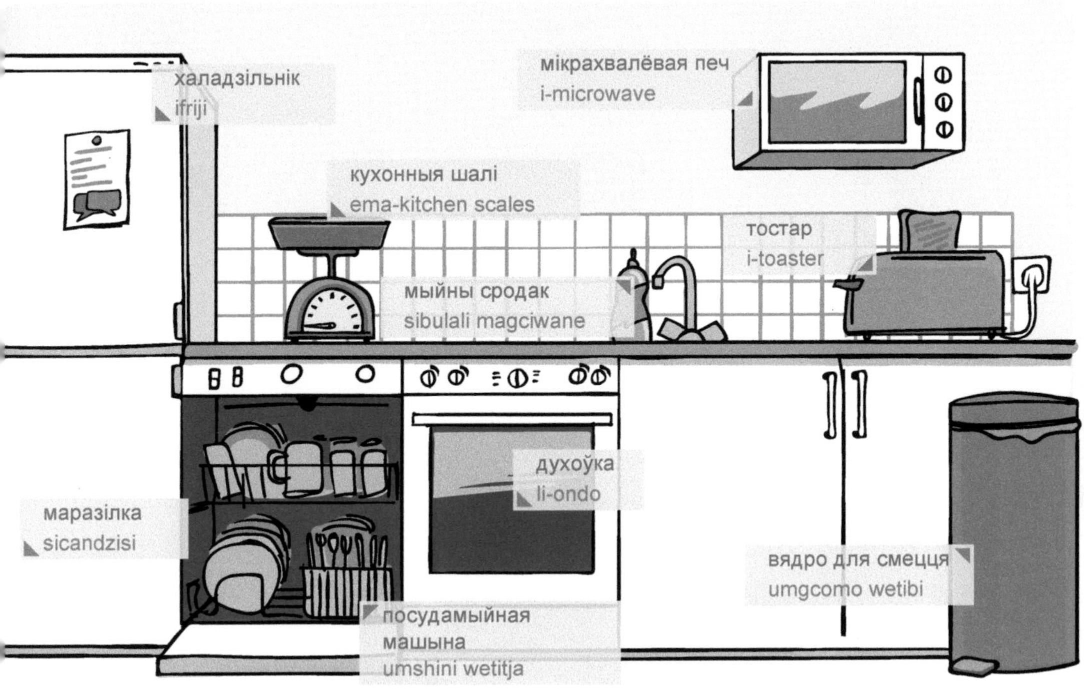
халадзільнік
ifriji
мікрахвалёвая печ
i-microwave
кухонныя шалі
ema-kitchen scales
тостар
i-toaster
мыйны сродак
sibulali magciwane
духоўка
li-ondo
маразілка
sicandzisi
вядро для смецця
umgcomo wetibi
посудамыйная машына
umshini wetitja

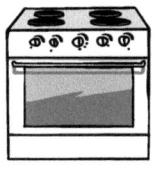

пліта
umpheki

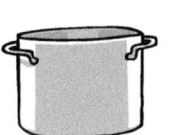

рондаль
libhodvo

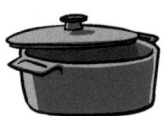

чыгунок
i-cast-iron pot

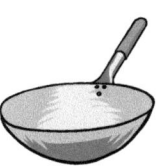

Вок / кадаі
i-wok /kadai

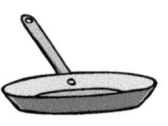

патэльня
lipani

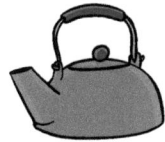

чайнік
ligedlela

параварка

i-steamer

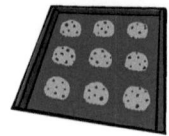

бляха

lipani lekubhaka

посуд

i-crockery

кубак

imagi

міска

indishi

палачкі для ежы

tindvukwana tekujuba

чарпак

i-landle

лапатачка

si-spatula

збівалка

i-whisk

сіта для варэння

i-strainer

сіта

i-sieve

тарка

i-grater

ступка

i-mortar

грыль

i-barbecue

вогнішча

umlilo lovulekile

дошка

libhodi lekujuba kudla

качалка

i-rolling pin

штопар

i-corkscrew

бляшанка

likani

адкрывалка

lithulusi lekuvala likani

прыхваткі

intfo yekubeka emabhodvo

ракавіна

izinki

шчотка

libhulashi

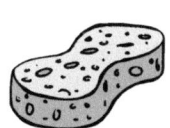

губка

sipontji

міксер

i-blender

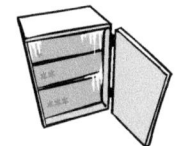

маразільная камера

i-deep freezer

бутэлечка

libhodlela lemntfwana

вадаправодны кран

impompi

ванная

likamelo lekugezela

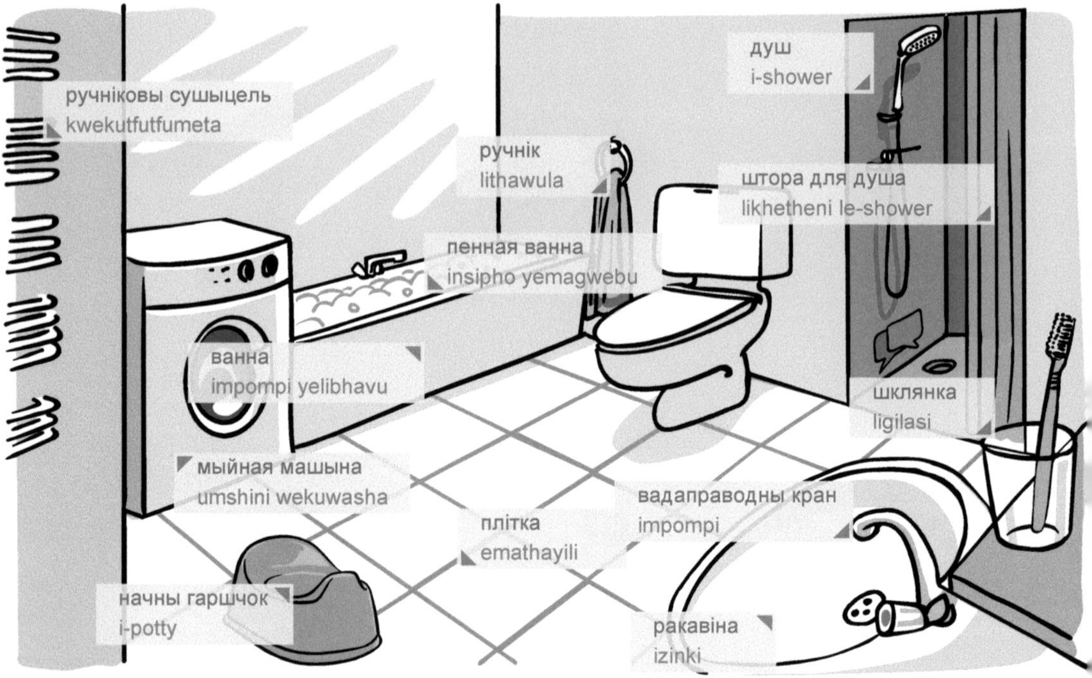
ручніковы сушыцель
kwekutfutfumeta
ручнік
lithawula
душ
i-shower
штора для душа
likhetheni le-shower
пенная ванна
insipho yemagwebu
ванна
impompi yelibhavu
шклянка
ligilasi
мыйная машына
umshini wekuwasha
вадаправодны кран
impompi
плітка
emathayili
начны гаршчок
i-potty
ракавіна
izinki

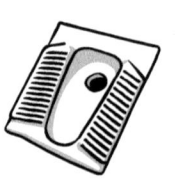

туалет

umthoyi

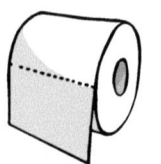

падлогавы ўнітаз

libhodvo lemthoyi

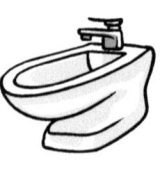

бідэ

i-bidet

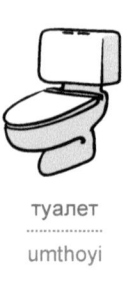

пісуар

umnchamo

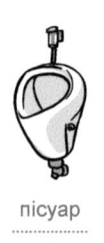

туалетная папера

ithishu

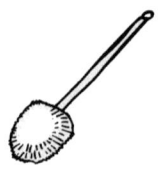

шчотка для чысткі ўнітаза

libhulashi lemthoyi

зубная шчотка

libhulashi lematinyo

зубная паста

insipho yematinyo

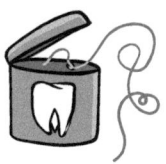

зубная нітка

intsambo yekuhlanta ematinyo

мыць

washa

ручны душ

liphayiphu le-shower lelibanjwa ngetandla

інтымны душ

i-douche

умывальнік

i-basin

шчотка для спіны

libhulashi lemgogodla

мыла

insipho lecinile

гель для душа

i-gel ye-shower

шампунь

insipho yemagwebu

вяхотка

i-flannel

вадасцёк

kwekuhambisa emanti

крэм

i-cream

дэзадарант

emakha emakhwapha

люстэрка

sibuko

касметычнае люстэрка

sibuko lesincane

станок для галення

i-razor

пена для галення

emagwebu ekushefa

ласьён пасля галення

kwegcobisa ngemuva
kwekushefa

грэбень

i-comb

шчотка

libhulashi

фен

kwekomisa tinwele

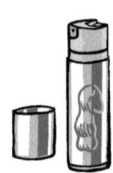

лак для валасоў

kwekufutsa tinwele

касметыка

kwekutimomonya

памада

i-lipstick

лак для пазногцяў

pende wetingalo

вата

i-cotton wool

манікюрныя нажніцы

sikelo setingalo

духі

emakha

касметычка

sikhwama setintfo tekugeza

табурэтка

situlo

вагі

sikali sesisindvo

лазневы халат

kwekugcoka nawugeza

санітарныя пальчаткі

emagilavu e-rubber

тампон

i-tampon

гігіенічныя пракладкі

lithawula lekuhlanta

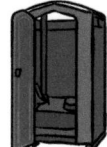

біятуалет

imitsi yekukolobha umthoyi

дзіцячы пакой

likamelo lemntfwana

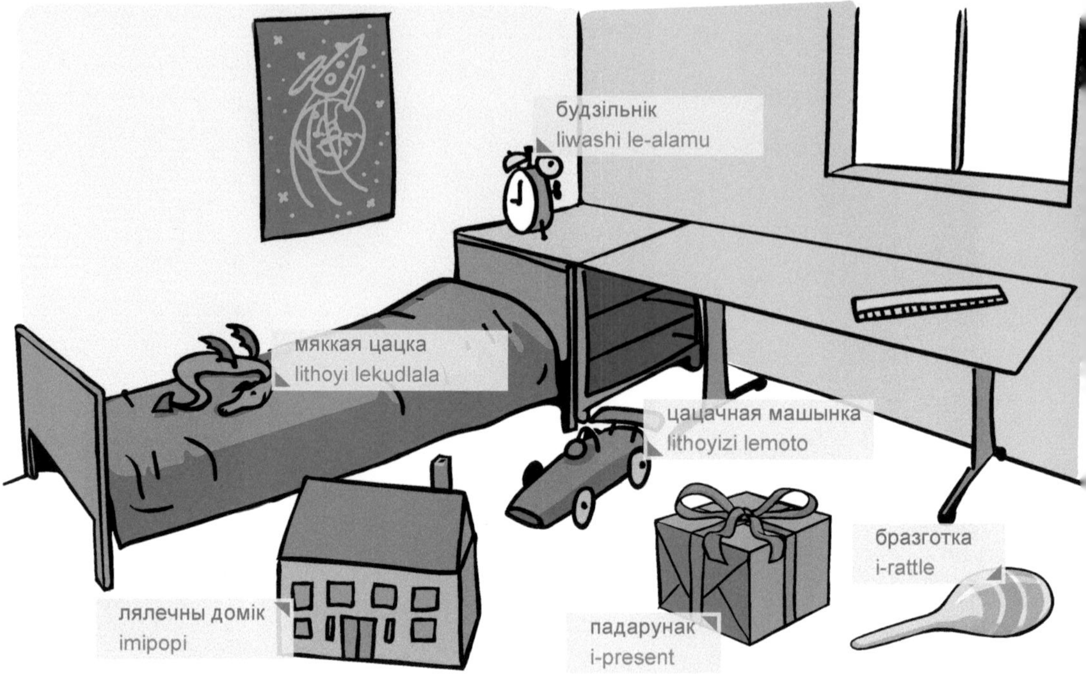
будзільнік
liwashi le-alamu
мяккая цацка
lithoyi lekudlala
цацачная машынка
lithoyizi lemoto
бразготка
i-rattle
лялечны домік
imipopi
падарунак
i-present

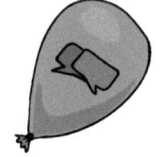

надзіманы шарык

ibhaluni

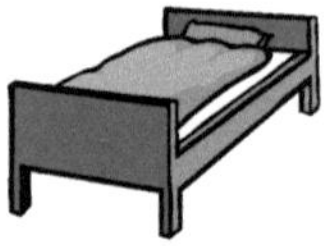

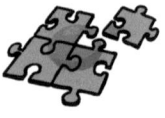

ложак

umbhedze

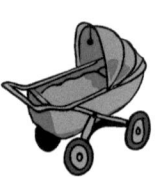

дзіцячая каляска

ipram

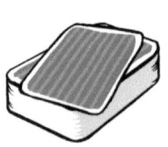

калода картаў

emakhadi ekudlala

пазл

i-jigsaw

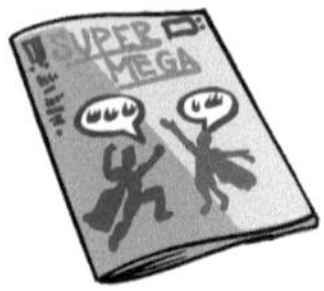

комікс

i-comic

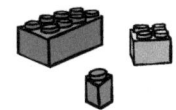

канструктар "Лега"

emabloko e-lego

канструктар

emabloko ekwakha

экшэн-фігурка

i-actionfigure

дзіцячы гарнітур

kukhula kwemntfwana

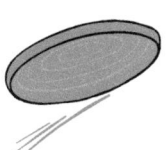

фрызбі

i-frisbee

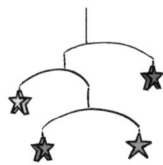

дзіцячы мабіль

i-mobile

настольная гульня

ibhodi yemdlalo

кубік

lidayisi

дзіцячая чыгунка

isethi yemathoyizi etitimela

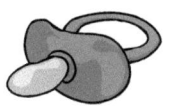

пустышка

i-dummy

дзіцячае свята

i-party

кніга з малюнкамі

incwadzi yetitfombe

мячык

ibhola

лялька

nodoli

гуляцца

dlala

пясочніца

umgodzi wemhlabatsi

арэлі

umjikeli

цацкі

emathoyizi

гульнявая відэа прыстаўка

umshini wemdlalo wema-video

трохколавы ровар

masondvontsatfu

плюшавы мішка

umdoli welibhele

шафа

ihhodrobhu

адзенне

timphahla tekugcoka

шкарпэткі

emakawosi

панчохі

ema-stockings

калготкі

umtjopi

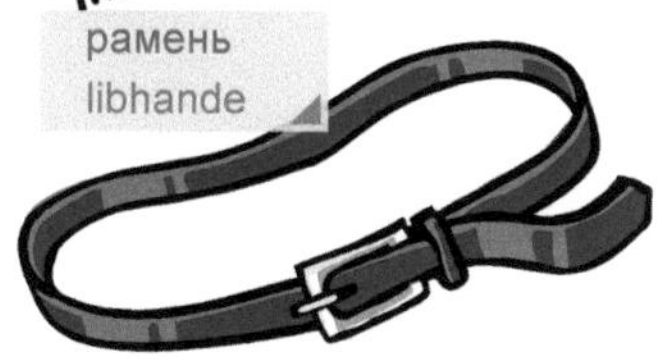

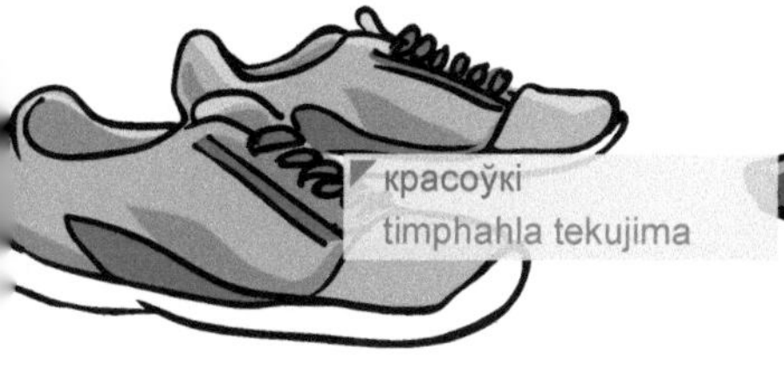

шалік
sikafu

парасон
sambulelo

рамень
libhande

цішотка
tikibha

красоўкі
timphahla tekujima

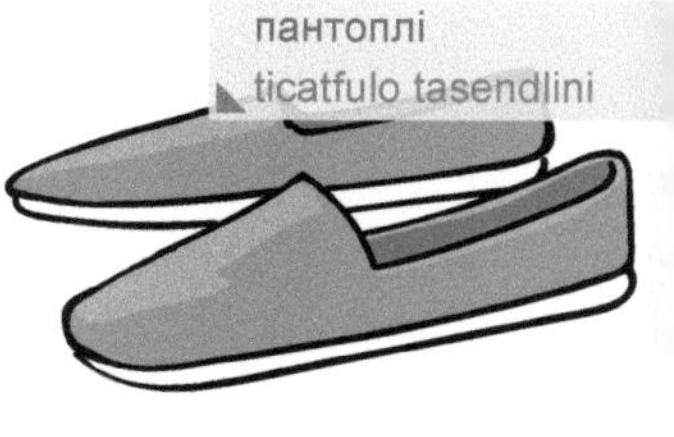

боты
emabhudzi

пантоплі
ticatfulo tasendlini

сандалі
....
tincabule

абутак
....
ticatfulo

гумовыя боты
....
emabhudzi emvula

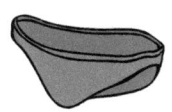

трусы
....
emabhuluko angephansi

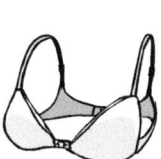

бюстгальтар
....
ibhodi

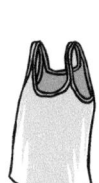

майка
....
i-vest

бодзі
....
umtimba

штаны
....
emabhuluko

джынсы
....
ibhokathi

спадніца
....
sikedi

блузка
....
liblawosi

кашуля
....
liyembe

джэмпер
....
i-pullover

талстоўка
....
i-hoodie

блэйзер
....
libhantji

куртка
....
silamba

паліто
....
lijazi

дажджавік
....
lijazi lemvula

касцюм
....
i-costume

сукенка
....
lilogo

вясельная сукенка
....
likogo lemshado

касцюм

isudi

начная сарочка

i-gown yasebusuku

піжама

emabhijamu

сары

i-sari

хустка

sikafu

цюрбан

i-turban

паранджа

i-burqa

каптан

i-kaftan

Абая

i-abaya

купальнік

timphahla tekududa

плаўкі

ema-anda

шорты

emabhuluko lamafishane

спартыўны касцюм

i-treksudi

фартух

liphinifa

пальчаткі

emaglavu

гузік

inkinobho

акуляры

tibuko

бранзалет

buhlalu

каралі

umgaco

кальцо

indandatho

завушніца

emacici

кепка

likepisi

вешалка

i-hanger yelijazi

капялюш

sigcoko

гальштук

thayi

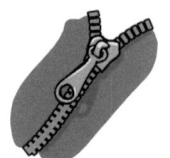

маланка

iziphu

шлем

sivikelo senhloko

падцяжкі

kwekusekela sitfo semtimba

школьная форма

timphahla tesikolwa

уніформа

inyunifomu

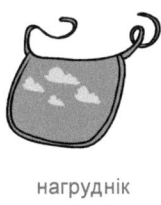

нагруднік

i-bib

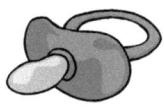

пустышка

i-dummy

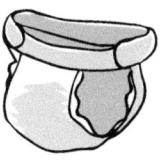

падгузнік

linabukeli

офіс

lihhovisi

сервер
i-server
канцылярская шафа
likhabethe lemafayela
прынтэр
i-printer
папера
liphepha
манітор
i-monitor
мыш
i-mouse
пісьмовы стол
lideski
тэчка
intfo yekugoca
клавіятура
i-keyboard
смеццевы кошык
libhakede lekulahla emaphepha
кампутар
ngconomshina
крэсла
situlo

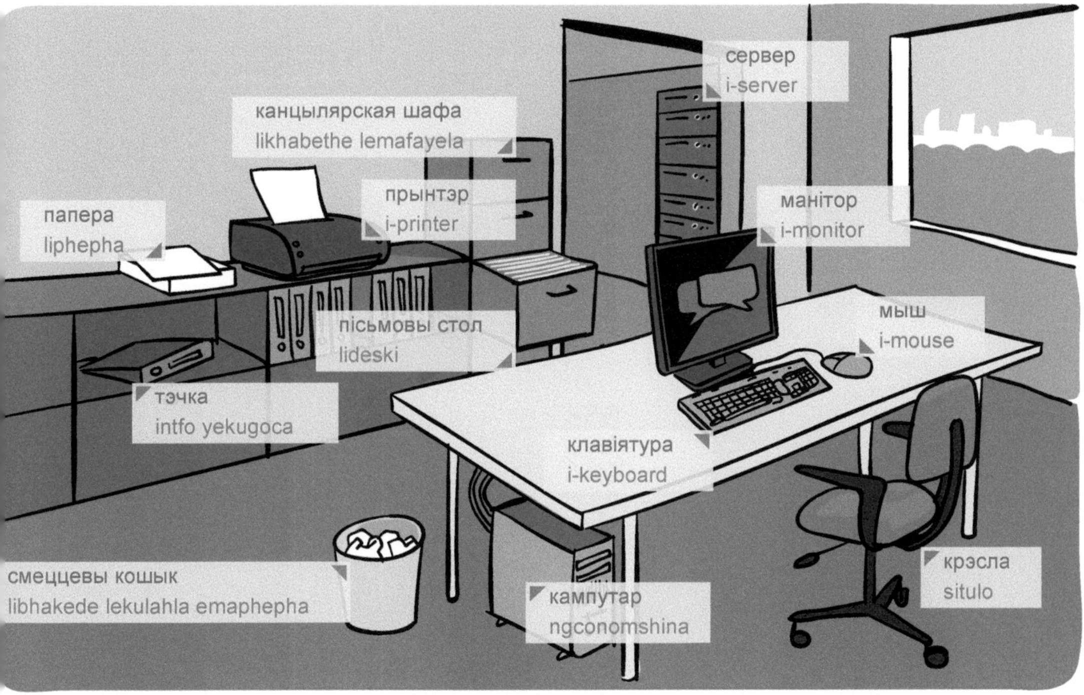

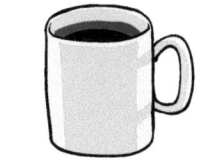

кубак для кавы (філіжанка)

likomishi lelikofi

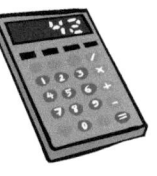

калькулятар

i-calculator

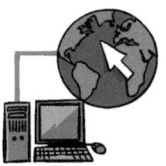

інтэрнэт

i-inthanethi

ноўтбук

i-laptop

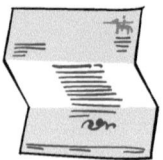

ліст

incwadzi

паведамленне

umlayeto

мабільны тэлефон

i-mobile

сетка

i-network

ксеракс

umshini wekwenta emakhophi

праграмнае забеспячэнне

i-software

тэлефон

lucingo

разетка

liplaliki lagesi

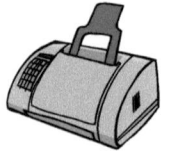

факс

umshini wekufeksa

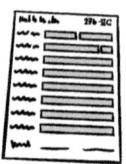

фармуляр

lifomu

дакумент

liphepha

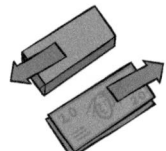

купляць

tsenga

плаціць

bhadala

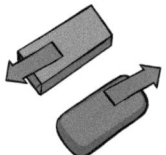

гандляваць

beka imali

грошы

imali

долар

li-dollar

еўра

li-euro

ена

li-yen

рубель

li-rouble

франк

i-Swiss franc

кітайскі юань

i-renminbi yuan

рупія

i-rupee

банкамат

umshini wemali

абменны пункт

i-bureau de change

золата

ligolide

срэбра

lisiliva

нафта

woyela

энергія

emandla

цана

linani

кантракт

sivumelwano

падатак

umtselo

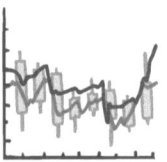

акцыя

sitoko

працаваць

sebenta

служачы

sisebenti

працадаўца

umcashi

фабрыка

ifemu

крама

sitolo

прафесіі
tikhundla

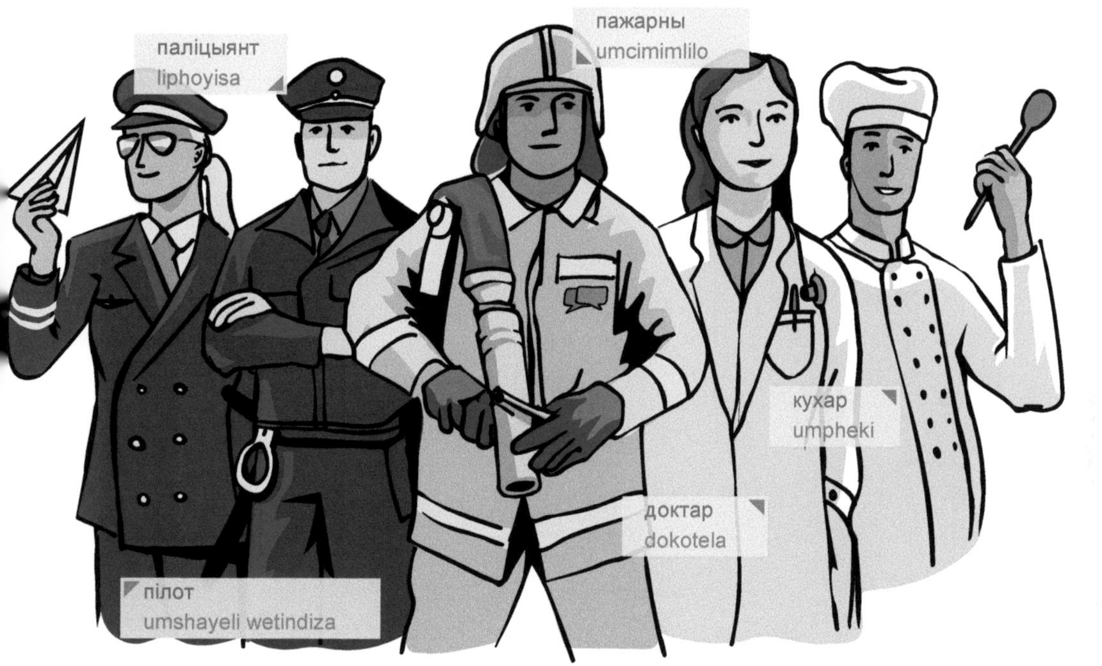
паліцыянт
liphoyisa
пажарны
umcimimlilo
кухар
umpheki
доктар
dokotela
пілот
umshayeli wetindiza

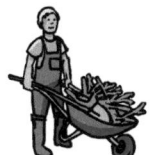

садоўнік

losebenta engadzini

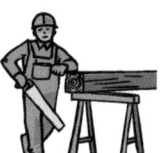

слесар

ummbati

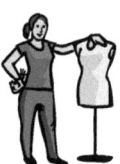

швачка

umtfungi

суддзя

mehluleli

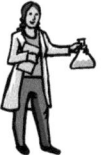

хімік

khemisi

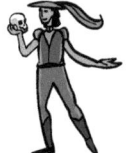

артыст

umlingisi

кіроўца аўтобуса

umshayeli webhasi

таксіст

umshayeli wekhumbi

рыбак

umdvobi

прыбіральшчыца

limedi

страхар

umfuleli

афіцыянт

waiter

паляўнічы

umtingeli

мастак

mapendani

пекар

umbhaki

электрык

gesana

будаўнік

meselane

інжынер

sonjiniyela

мяснік

umtsengisi wenyama

сантэхнік

somaphayiphi

пашталён

lohambisa liposi

салдат

lisotja

архітэктар

umdvwebi wemapulani

касір

umtsengisi

фларыст

umtsengisi wetimbali

цырульнік

losebenta ngetinwele

кандуктар

umbhidisi

механік

mekhenikha

капітан

kaputeni

стаматолаг

dokotela wematinyo

вучоны

sosayensi

рабін

rabi

імам

imam

манах

monk

святар

umfundisi

інструменты
emathulusi

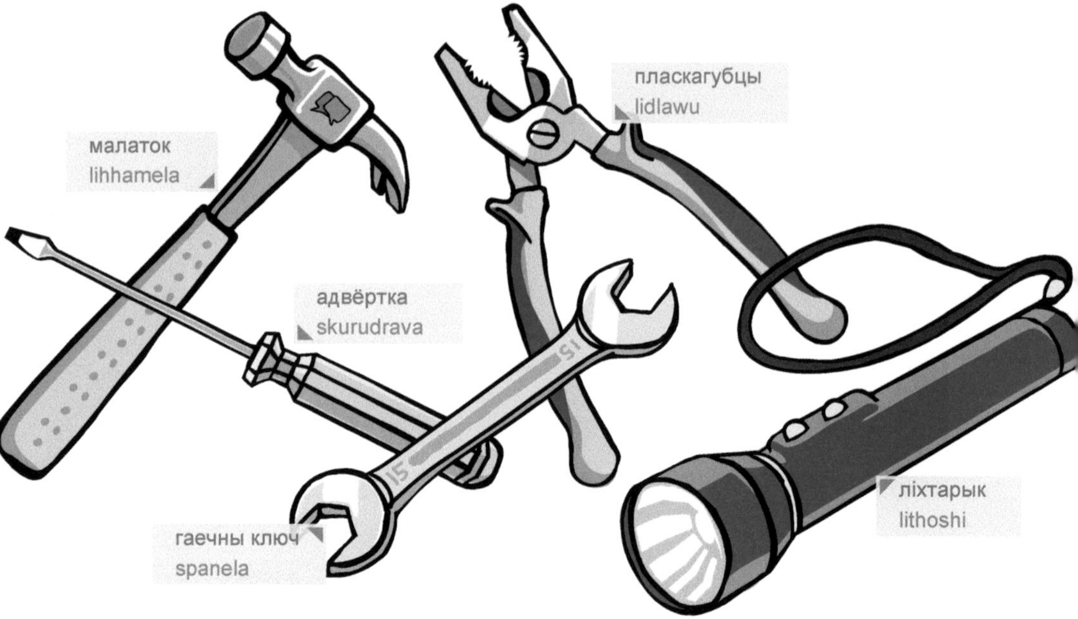
пласкагубцы
lidlawu
малаток
lihhamela
адвёртка
skurudrava
ліхтарык
lithoshi
гаечны ключ
spanela

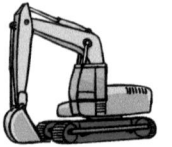

экскаватар

lifosholo

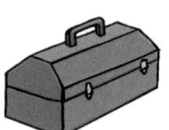

скрыня для інструментаў

libhokisi lemathulusi

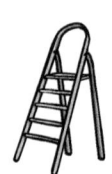

дравіны

lilele

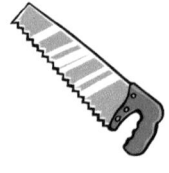

піла

lisaha

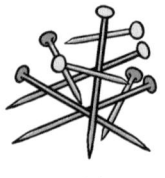

цвікі

tipikili

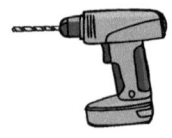

дрыль

umshini wekwenta timbobo

рамантаваць

lungisa

рыдлеўка

lifosholo

Халера!

i-Damni!

шуфлік для смецця

lipani lekuwola tibi

вядро з фарбаю

likani lapende

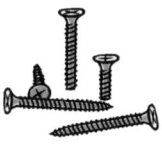

балты

tikruzi

музычныя інструменты
insimbi yemculo

ударны інструмент
ikhithi yemadramu

калонкі
sipika lesikhulu

гітара
lugitali

кантрабас
lugitali lolukhulu

труба
i-trumpet

піяніна

i-piano

скрыпка

ivayolini

басгітара

ibhesi

літаўры

i-timpani

барабан

emadramu

клавішны электрамузычны інструмент

i-keyboard

саксафон

i-saxohone

флейта

ifluthi

мікрафон

umbhobho

заапарк

i-zoo

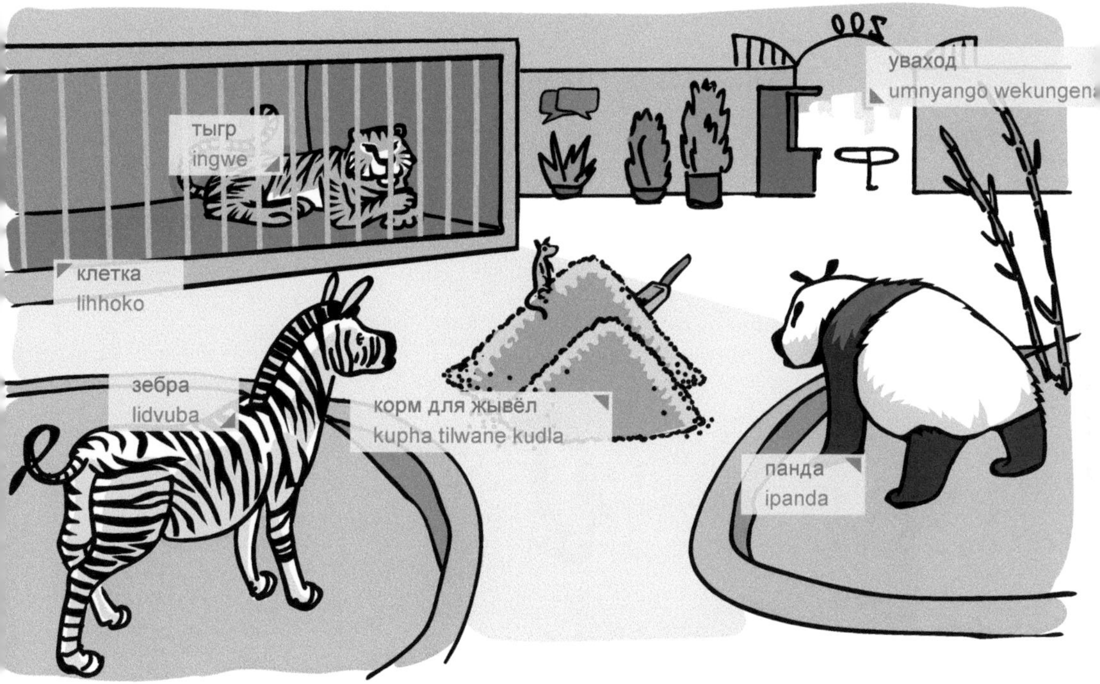
уваход
umnyango wekungena
тыгр
ingwe
клетка
lihhoko
зебра
lidvuba
корм для жывёл
kupha tilwane kudla
панда
ipanda

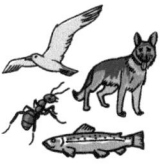

жывёлы

tilwane

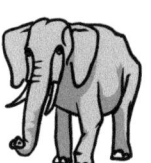

слон

indlovu

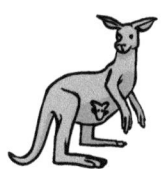

кенгуру

ikangaru

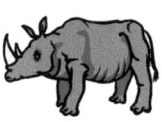

насарог

bhejane

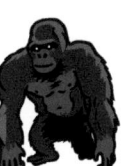

гарыла

igorila

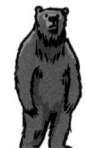

мядзведзь

libhele

вярблюд

likamela

стравус

i-ostrishi

леў

libhubesi

малпа

imfene

фламінга

i-flamingo

папугай

iparoti

белы мядзведзь

libhele

пінгвін

iphejini

акула

shaka

паўлін

iphigogo

змяя

inyoka

кракадзіл

ingwenya

наглядчык заапарка

umgcini tilwane

цюлень

isili

ягуар

i-jaguar

поні

poni

леапард

ingwe

бегемот

imvubu

жыраф

indlulamitsi

арол

lusweti

дзік

ingulube yesiganga

рыбак

imfishi

чарапаха

lifundvu

морж

i-warasi

ліса

jakalazi

газель

inyamatane

амерыканскі футбол
libhola letinyawo laseMelika

веласпорт
umdlalo wemabhayisikili

тэніс
itenesi

баскетбол
i-basketball

плаванне
kududa

хакей з шайбай
umdlalo waselichweni

бокс
umdlalo wetibhakela

футбол
libhola letinyawo

бадмінтон
i-badminton

лёгкая атлетыка
tingijimi

гандбол
libhola letandla

горныя лыжы
umdlalo wekuntjuza

пола
i-polo

смяяцца
hleka

скакаць
gcuma

абдымаць
gona

ісці
hamba

спяваць
hlabela

марыць
liphupho

маліцца
thantaza

цалаваць
cabuza

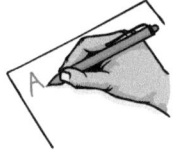

пісаць

bhala

маляваць

tsatsa

паказваць

khombisa

націснуць

fuca

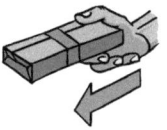

даваць

nika

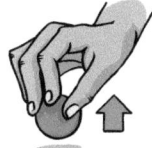

браць

tsatsa

маць

tsatsa

выконваць

yenta

быць

be

стаяць

sukuma

бегчы

gijima

цягнуць

dvonsa

кідаць

jika

падаць

wani

ляжаць

cala emanga

чакаць

mani

насіць

tsatsa

сядзець

hlala

апранацца

yembatsa

спаць

lala

прачынацца

vuka

глядзець

buka

плакаць

khala

лашчыць

shaya

прычэсвацца

kama

гаварыць

khuluma

разумець

condza

пытаць

buta

чуць

lalela

піць

natsa

есці

dlani

прыбіраць

gcogca

кахаць

tsandza

гатаваць

pheka

ехаць

shayela

лятаць

ndiza

плаваць пад ветразем

....

ntjuza

лічыць

....

bala

чытаць

....

fundza

вучыць

....

fundza

працаваць

....

sebenta

уступаць у шлюб

....

shada

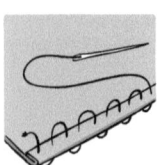

шыць

....

tfunga

чысціць зубы

....

kugeza ematinyo

забіваць

....

bulala

курыць

....

bhema

пасылаць

....

tfumela

бабуля
gogo

дзядуля
mkhulu

бацька
babe

маці
make

дзіця
umntfwana

дачка
indvodzakati

сын
indvodzana

госць

sivakashi

цётка

anti

дзядзька

malume

брат

umnaketfu

сястра

sisi

цела

umtimba

лоб
siphongo
вока
liso
плячо
lihlombe
палец
umuno
твар
buso
падбародак
silevu
рука
sandla
грудзі
libele
нага
umbala
рука
umkhono

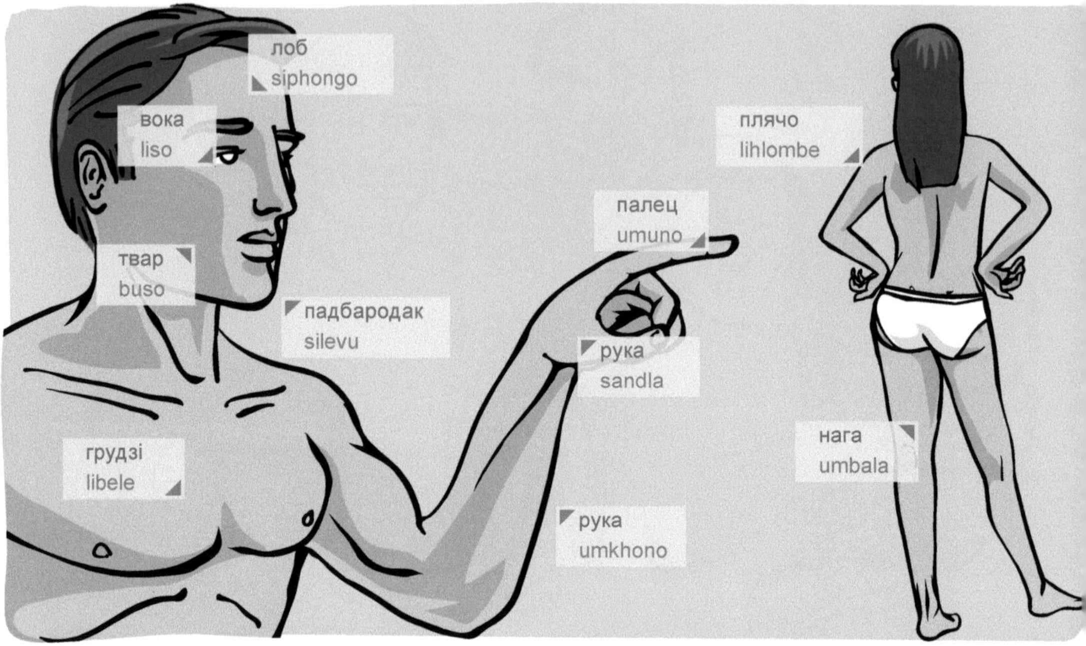

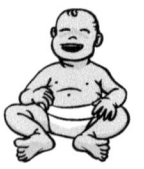

дзіця

umntfwana

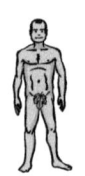

мужчына

indvodza

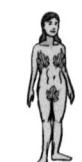

жанчына

umfati

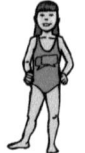

дзяўчынка

intfombatane

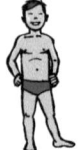

хлопчык

umfana

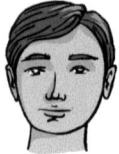

галава

inhloko

спіна

emuva

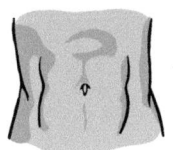

жывот

umkhatjana

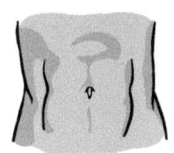

пуп

sibhono

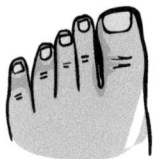

палец нагі

luzwane

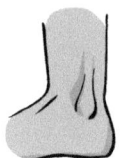

пятка

sitsendze

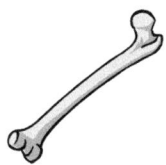

костка

litsambo

бядро

litsanga

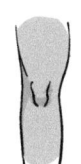

калена

lidvolo

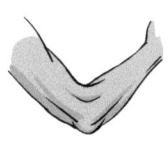

локаць

ingcosa

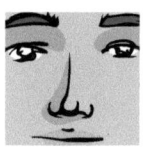

нос

imphumulo

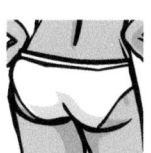

ягадзіца

entansi

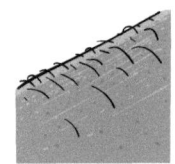

скура

sikhumba

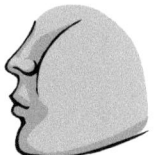

шчака

sihlatsi

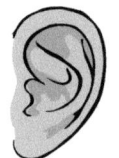

вуха

indlebe

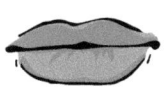

губа

indzebe

рот

umlomo

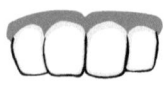

зуб

litinyo

язык

lilimi

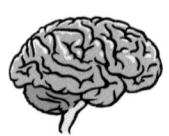

галаўны мозг

bucopho

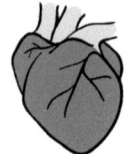

сэрца

inhlitiyo

мышца

umsipha

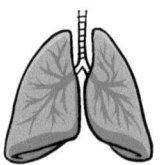

лёгкае

liphaphu

пячонка

sibindzi

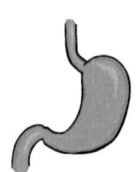

страўнік

sisu

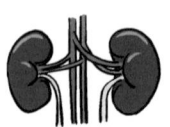

ныркі

tinso

сэкс

kulalana

прэзерватыў

lijazi lemkhwenyana

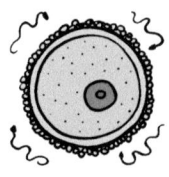

яйцаклетка

licandza lentalo

сперма

sidvodza

цяжарнасць

kukhulelwa

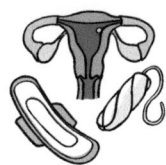

менструацыя

kuya esikhatsini

похва

ligolo

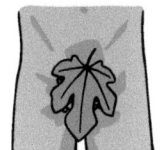

пеніс

umpipi

брыво

inkhophe

валасы

lunwele

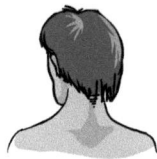

шыя

intsamo

шпіталь

sibhedlela

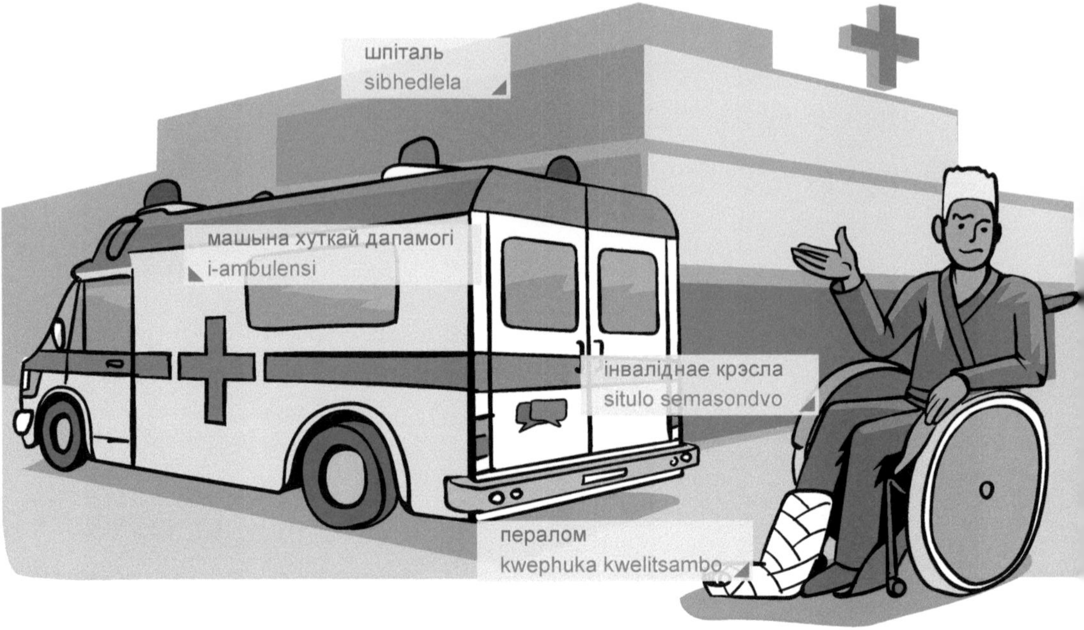

шпіталь
sibhedlela
машына хуткай дапамогі
i-ambulensi
інваліднае крэсла
situlo semasondvo
пералом
kwephuka kwelitsambo

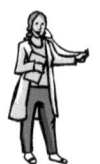

доктар

dokotela

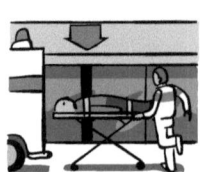

аддзяленне першай дапамогі

ligumbi letimo letiphutfumako

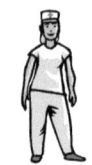

медсястра

nesi

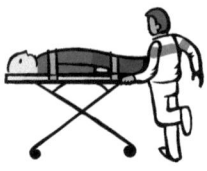

экстраная дапамога

simo lesiphutfumako

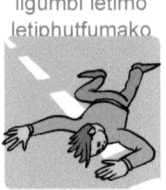

непрытомны

kucaleka

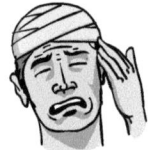

боль

buhlungu

траўма

kulimala

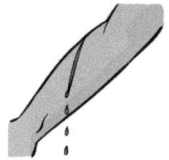

крывацёк

kopha

інфаркт

kuhlaselwa sifo senhlitiyo

апаплексія

kufa luhlangotsi

алергія

i-aleji

кашаль

kukhwehlela

гарачка

kushisa

грып

umkhuhlane

панос

kusheka

галаўны боль

kubulawa yinhloko

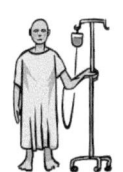

рак

umdlavuza

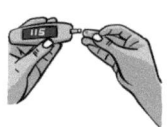

дыябет

kuba nashukela

хірург

dokotela

скальпель

umukhwa wekusika
wabodokotela

аперацыя

kusikwa

шпіталь - sibhedlela

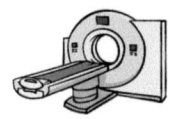

КТ

i-CT

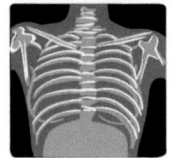

рэнтген

i-x ray

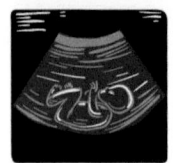

ультрагук

umsindvo

маска

sifonyo

хвароба

sifo

пачакальня

ligumbi lekulindza

мыліца

indvuku yekuhamba

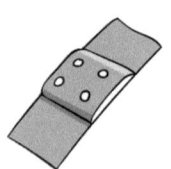

пластыр

i-plaster

бінт

ibhandishi

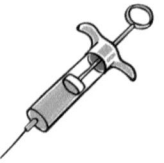

ін'екцыя

umjovo

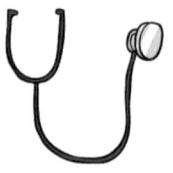

стэтаскоп

lithulusi labodokotela
lekulalela inhlitiyo

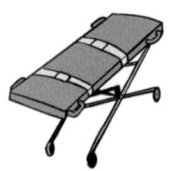

насілкі

luhlaka

градуснік

kwekuhlola lizinga lemuntfu
lekushisa

нараджэнне

kutalwa

лішняя вага

kunona kakhulu

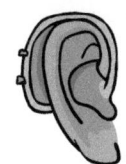

слухавы апарат

tinsita tekuva etindlebeni

дэзінфекцыйны сродак

sibulali magciwane

інфекцыя

kwesuleleka ngesifo

вірус

ligciwane

ВІЧ/СНІД

i-HIV / AIDS

лекі

umutsi

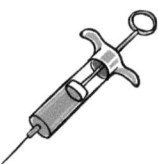

прышчэпка

kugoma

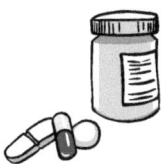

таблеткі

emaphilisi

супрацьзачаткавая таблетка

liphilisi

экстраны выклік

lucingo loluphutfumako

танометр

sicaphi semfutfo wengati

хворы / здаровы

gula / umcemane

сігналізацыя

i-alamu

напад

kuhlukumeta

Ратуйце!

Lusito!

атака

kuhlasela

небяспека

ingoti

аварыйны выхад

umnyango wekuphuma
nakuphutfuma

Пажар!

Umlilo

вогнетушыцель

sicishamlilo

аварыя

ingoti

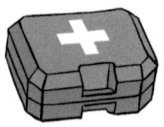

аптэчка

ikhidi yelusito lwekucala

СОС

SOS

паліцыя

emaphoyisa

Еўропа

i-Europe

Паўночная Амерыка

iNyakatfo YeMelika

Паўднёвая Амерыка

iNingizimu YeMelika

Афрыка

i-Afrika

Азія

i-Asia

Аўстралія

i-Australia

Атлантычны акіян

i-Atlantic

Ціхі акіян

i-Pacific

Індыйскі акіян

i-Idian Ocean

Паўднёвы ледавіты акіян

i-Antarctic Ocean

Паўночны ледавіты акіян

i-Arctic Ocean

Паўночны полюс

Ligumbi laseNyakatfo

Паўднёвы полюс

Ligumbi laseNingizimu

Антарктыда

iAntarctica

Зямля

Umhlaba

краіна

indzawo

мора

lwandle

востраў

sichingi

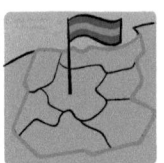

нацыя

sive

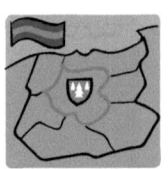

дзяржава

umbuso

цыферблат

buso beliwashi

гадзінная стрэлка

li-awa

хвілінная стрэлка

imizuzu

секундная стрэлка

imizuzwana

Колькі часу?

sikhatsi sini nyalo?

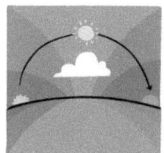

дзень

lusuku

час

sikhatsi

зараз

nyalo

электронны гадзіннік

liwashi lesimanjemanje

хвіліна

umzuzu

гадзіна

li-awa

liviki

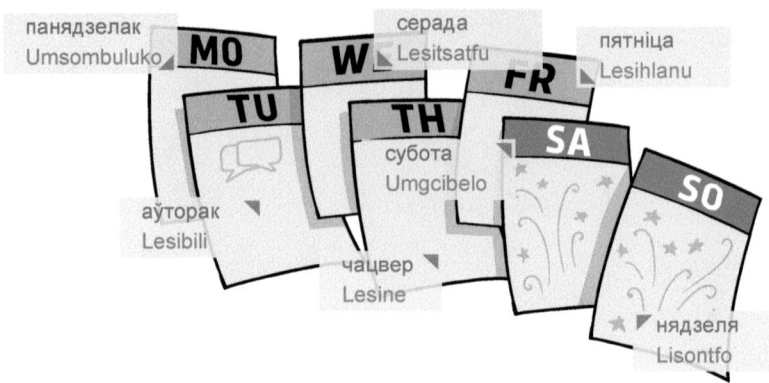

панядзелак
Umsombuluko — MO

серада
Lesitsatfu — W

пятніца
Lesihlanu — FR

аўторак
Lesibili — TU

чацвер
Lesine — TH

субота
Umgcibelo — SA

нядзеля
Lisontfo — SO

ўчора
itolo

сёння
lamuhla

заўтра
kusasa

раніца
ekuseni

абед
emini

вечар
entsambama

MO	TU	WE	TH	FR	SA	SU
1	2	3	4	5	6	7
8	9	10	11	12	13	14
15	16	17	18	19	20	21
22	23	24	25	26	27	28
29	30	31	1	2	3	4

працоўныя дні

emalanga emsebenti

MO	TU	WE	TH	FR	SA	SU
1	2	3	4	5	6	7
8	9	10	11	12	13	14
15	16	17	18	19	20	21
22	23	24	25	26	27	28
29	30	31	1	2	3	4

выхадныя

imphelasontfo

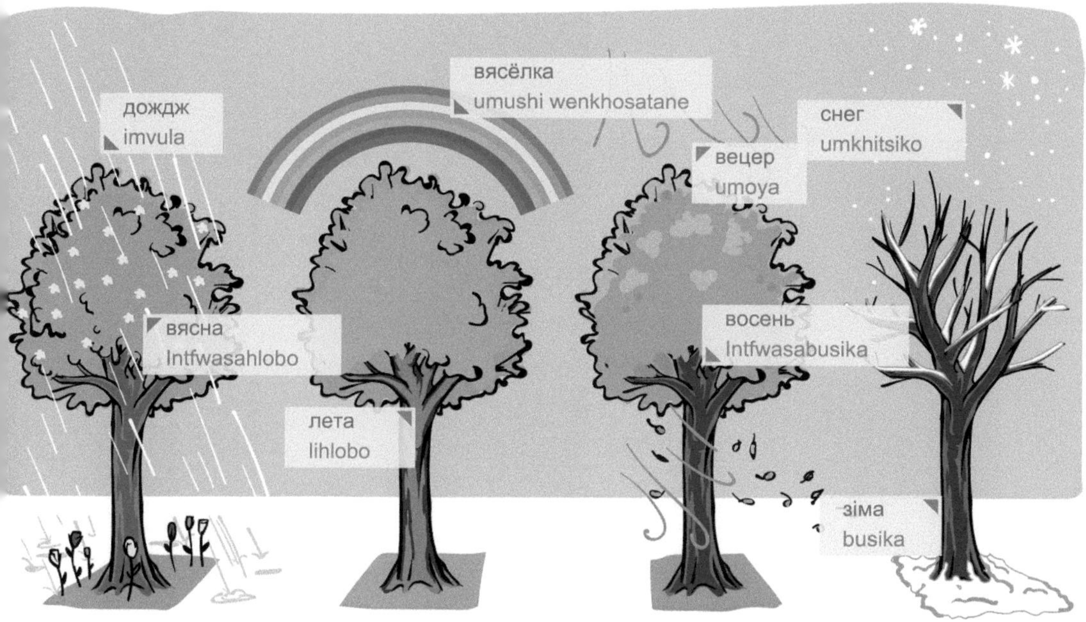

дождж
▶ imvula

вясёлка
umushi wenkhosatane

снег
umkhitsiko

вецер
umoya

вясна
Intfwasahlobo

лета
lihlobo

восень
Intfwasabusika

зіма
busika

	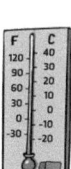	
прагноз надвор'я	градуснік	сонечнае святло
simo selitulo	kwekuhlola lizinga lekushisa	kubalela

воблака	туман	вільготнасць паветра
emafu	inkhungu	umswakamo

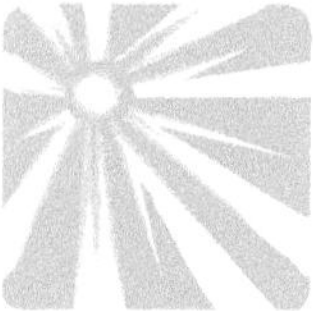

маланка

umbane

гром

umbane

бура

kudvuma lobunebungoti

град

sangcotfo

мусонны вецер

inyeti

прыліў

tikhukhula

лёд

lichwa

студзень

Bhimbidvwane

люты

Indlovana

сакавік

Indlovulenkhulu

красавік

Mabasa

май

Inkhwenkhweti

чэрвень

Inhlaba

ліпень

Kholwane

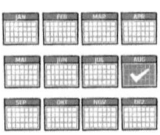

жнівень

Ingci

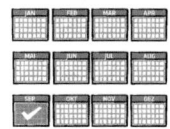

верасень
....
Inyoni

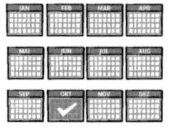

кастрычнік
....
Imphala

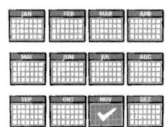

лістапад
....
Lweti

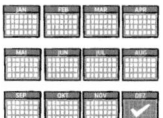

снежань
....
Ingongoni

формы
kubumbeka kwetintfo

круг
....
indingiliza

квадрат
....
sikwele

прамавугольнік
....
umdvwebo lonetinhlangotsi
letindze letilinganako

трохвугольнік
....
ncantsatfu

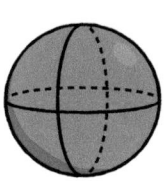

шар
....
i-sphere

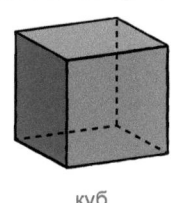

куб
....
ikhiyubhu

белы

kumhlophe

жоўты

phuti

аранжавы

sheli

ружовы

kupinki

чырвоны

kubovu

фіялетавы

kunsomi

сіні

luhlata

зялёны

luhlata njengetjani

карычневы

loku-brown

шэры

mtfubi

чорны

mnyama

шмат / мала

kunyenti / kuncane

злы / добры

kutfukutsela / kwehlisa
umoya

прыгожы / брыдкі

buhle / bubi

пачатак / канец

sicalo / siphetfo

высокі / малы

bukhulu / buncane

светлы / цёмны

kukhanya / bumnyama

сястра / брат

bhuti / sisi

чысты / брудны

kuhloba / kungcola

поўны / няпоўны

kuphelela / kungapheleli

дзень / ноч

imi / busuku

мёртвы / жывы

kufa / kuphila

шырокі / вузкі

kubanti / kuncane

ядомы / неядомы

lokudliwako / lokungadliwa

злы / добры

inhlitiyo lembi / umusa

узбуджаны / нудны

kutsakasa / kudvumala

тоўсты / тонкі

sidudla / umcondvo

першы / апошні

kwekucala / kwekugcina

сябар / вораг

umngani / sitsa

поўны / пусты

kugcwala / kute lutfo

цвёрды / мяккі

kucina / kutsamba

важкі / лёгкі

kusindza / kulula

голад / смага

kulamba / koma

хворы / здаровы

gula / umcemane

нелегальны / легальны

kungabi semtsetfweni /
kuba semtsetfweni

разумны / дурны

kuhlakanipha / bulima

левы / правы

sencele / sekudla

побач / далёка

dvutane / khashane

новы / былы ва ўжыванні

lokusha / lokudzala

нічога / нешта

kute lutfo / kunalokutsite

стары / малады

budzala / busha

укл / выкл

kuyasebenta / akusebenti

адчынены / зачынены

kuvulekile / kuvalekile

ціхі / гучны

kuthula / umsindvo

багаты / бедны

kunjinga / kuphuya

правільна / няправільна

kulungile / akukalungi

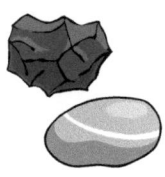

шурпаты / гладкі

kuyahhedla / kuyashelela

сумны / шчаслівы

kuva buhlungu / kujabula

кароткі / доўгі

kufishane / kudze

павольны / хуткі

kunwabuka / kushesha

вільготны / сухі

kumanti / komile

цёплы / халаднаваты

kufutfumele / kusivuvu

вайна / мір

imphi / kuthula

0

нуль

indilinga

1

адзін

kunye

2

два

kubili

3

тры

kutsatfu

4

чатыры

kune

5

пяць

sihlanu

6

шэсць

sitfupha

7

сем

sikhombisa

8

восем

siphohlongo

9

дзевяць

yimfica

10

дзесяць

lishumi

11

адзінаццаць

lishumi nakunye

12

дванаццаць

lishumi nakubili

13

трынаццаць

lishumi nakutsatfu

14

чатырнаццаць

lishumi nakune

15

пятнаццаць

lishumi nesihlanu

16

шаснаццаць

lishumi nesitfupha

17

сямнаццаць

lishumi nesikhombisa

18

васямнаццаць

lishumi nesiphohlongo

19

дзевятнаццаць

lishumi nemfica

20

дваццаць

emashumi lamabili

100

сто

likhulu

1.000

тысяча

inkhulungwane

1.000.000

мільён

sigidzi

англійская

Singisi

англійская (Амерыка)

Singisi saseMelika

кітайская мандарынская

SiMandarini seseShayina

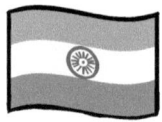

хіндзі

SiHindi

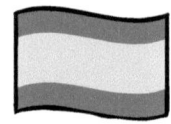

іспанская

Sipanishi

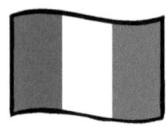

французская

SiFulentji

арабская

Si-Arabu

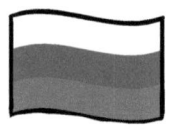

руская

SiRashiya

партугальская

SiPhuthukezi

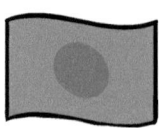

бенгальская

SiBhengali

нямецкая

SiJalimane

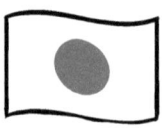

японская

SiJapane

я

Mine

ты

wena

ён / яна / яно

yena / yona

мы

tsine

вы

nine

яны

bona

хто?

bani?

што?

ini?

як?

njani?

дзе?

kuphi?

калі?

nini?

імя

libito

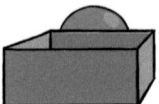

за
....
ngemuva

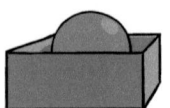

у
....
ekhatsi

перад
....
embi kwe

над
....
ngenhla

на
....
etulu

пад
....
ngephansi

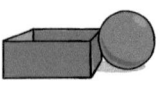

каля
....
eceleni

паміж
....
emkhatsini

месца
....
indzawo